PROLOGUE

ハワイにはこんなことわざがあります。

i kani koʻaka i ka leʻaleʻa, i puʻu ko nuku i ka huhu;
i leʻa ka nohona i ka maʻona.
ご機嫌なこともあれば、不機嫌なこともある
でも、人はおなかが満たされれば心も満たされる

そんな先人の知恵を知るハワイの人たちは、ごちそうを振る舞うのが大好き。

おなかいっぱいのごちそうは、愛情の証です。

『カフェ・カイラ』のはじまりは、オーナーのカイラが、

家族や親しい友人たちのために作った朝食でした。

「みんなの喜ぶ顔が見たい。今日一日を笑顔で元気に過ごしてほしい」

そんな想いが込められた愛情いっぱいの料理たちは

ナチュラルでフレッシュ、滋味あふれる食材をたっぷり使った

本当の意味でのヘルシーなブレックファーストです。

"愛情"というスパイスを忘れずに、

さぁ、しあわせな一日をキッチンから始めましょう。

　　　　　　　　　　　　　　　　　　　Me ke aloha pumehana.
　　　　　　　　　　　　　　　　　　　　　　心から愛を込めて

CONTENTS/RECIPE 50

CHAPTER 1 _ PANCAKES
- 19 カイラ・オリジナル・パンケーキ
  リンゴのカラメリゼ
- 21 ベリー＆ベリーパンケーキ
- 22 マンゴーバナナパンケーキ
- 23 スフレパンケーキ
  パイナップルバター
- 25 ベイクドプディングパンケーキ
- 27 パブロバ
  練乳クリーム

CHAPTER 2 _ WAFFLES
- 33 リンゴとクリームチーズワッフル
- 34 キャラメルバナナワッフル
- 35 コナコーヒーワッフル

CHAPTER 3 _ FRENCH TOAST
- 41 ココナッツフレンチトースト
  ローストマカダミアナッツ
- 42 リンゴとブルーベリーフレンチトースト
- 43 ショコラフレンチトースト

CHAPTER 4 _ EGGS BENEDICT
- 51 カイラスペシャルエッグスベネディクト
  オランデーズソース
- 52 スモークサーモンエッグスベネディクト
- 53 カルアピッグエッグスベネディクト

CHAPTER 5 _ EGG DISH
- 57 ミート＆チーズオムレツ
- 59 フリタータ
- 61 ケサディーヤ
  サルサソース
  ワカモレソース
- 63 アメリカン・ブレックファスト
- 65 ハワイアン・スクランブルエッグ

CHAPTER 6 _ SANDWICH
- 71 ブレックファスト BLT
- 73 ターキークラブサンドウィッチ
- 75 ブレックファストラップ

CHAPTER 7 _ SALAD
- 80 ウォームスピナッチサラダ
  バルサミコドレッシング
  チキンとアボカドサラダ
  ハニーディジョンマスタードドレッシング
- 81 シーザーサラダ
  シーザードレッシング
  カイラ風コブサラダ
  赤ワインビネグレットドレッシング
- 82 ミックスサラダ
  ランチドレッシング
  マンゴードレッシング

CHAPTER 8 _ BOWL & PARFAIT
- 84 アサイーボウル
- 85 ピタヤボウル
- 86 シェイブストロベリーボウル
- 87 グラノーラパフェ

LOCO DRINK & FOOD/COLUMN
- 45 ピニャコラーダ
  トロピカルマイタイ
  パッションレモンコーラ
- 54 ハーブローストポテト
- 67 ロコモコ

- 88 ワンプレートアレンジ
- 89 パーティパンケーキ
- 90 ハワイアングッズ＆コーディネート

この本のレシピ表記について

- 分量は一皿分、またはそれぞれ作りやすい分量です。
- 材料は、分量の多い食材から表記していますが、一部、食材順が調理順を表しているものなど例外もあります。
- 「少々」「適量」は調理としての適量を、「適宜」はお好みとしての適量を意味します。
- レシピは、家庭で調理しやすいアレンジレシピとなっています。店舗での提供レシピ、調理方法とは異なります。また、現在店舗で提供していないメニューもあります。

chapter 1

パンケーキ
PANCAKES

焼きたてのパンケーキは
朝一番のしあわせです

BASIS OF PANCAKES
パンケーキの基本

- 計量した粉類（小麦粉、グラニュー糖、ベーキングパウダー、塩、重曹）は合わせておき、**卵液に混ぜる直前に粉ふるいにかけます。**

- 卵、牛乳、グラニュー糖、無塩バターを混ぜるときは**泡だて器を使ってしっかり、**粉を混ぜるときは**ゴムベラを使ってさっくり**合わせます。

- 生地を仕込んだら、ラップをして**冷蔵庫で1時間ほど休ませる**と生地全体がなじみ、しっとり焼き上がります。

- **フライパンを温めてから焼きましょう。**

- 火加減は、**弱火から中火の間くらい。**フライパンは動かさず静かに焼きます。

- **表面全体がぷつぷつしてきたら、**フライ返しでひっくり返しましょう。

これだけは気をつけて

「焦がさない」が第一です。
火加減は弱火〜中火。焦らずじっくり焼きましょう。

カイラ・オリジナル・パンケーキ
KAILA ORIGINAL PANCAKES

たっぷりのフレッシュフルーツをこぼれるほどのせて、召し上がれ

パンケーキ生地
- 卵 …………………… 1個
- 小麦粉 ……………… 175g
- 牛乳 ………………… 170ml
- グラニュー糖 ……… 50g
- 無塩バター ………… 30g
- ベーキングパウダー … 5g
- 塩 …………………… 1g
- 重曹 ………………… 1g
- 無塩バター（焼くとき用）…… 少々

トッピング
- 「リンゴのカラメリゼ」（⇒ページ下） …………………… 8切
- ブルーベリー ……………… 20粒
- いちご ……………………… 8個
- バナナ ……………………… 1本
- 粉砂糖 ……………………… 適宜
- メープルシロップ ………… 適宜
- ホイップクリーム ………… 適宜

1. 卵に、牛乳、グラニュー糖、溶かした無塩バター（電子レンジで加熱または湯煎）を入れ、泡だて器で混ぜる。
2. 小麦粉、ベーキングパウダー、塩、重曹を合わせてふるって1に加え、ゴムベラでさっくり混ぜる。
3. 生地にラップをして、冷蔵庫で1時間寝かせる。
4. 生地を寝かせている間に、「リンゴのカラメリゼ（⇒ページ下）」を作る。
5. 弱火で温めたフライパンにバターを溶かし、3の生地の1/3量を流す。
6. 弱火から中火の間くらいで焼く。
7. 表面がぷつぷつしてきたら、ひっくり返して、両面焼く。
8. 竹串を刺して、生地がついてこなければ焼き上がり。これを繰り返し、3枚の生地を焼き上げる。
9. 焼き上がったパンケーキ3枚を皿に盛り、バナナスライス、リンゴのカラメリゼ、いちごスライス、ブルーベリーを順に盛り付ける。仕上げに粉砂糖をふる。
10. ホイップクリーム、メープルシロップは別添えにして、お好みで。

Point
- ★お好みのフルーツをたっぷり盛り付けましょう。
- ★それぞれのフルーツを、全体にまんべんなく盛り付けると華やかに綺麗に仕上がります。
- ★バナナといちごのスライスは、厚さ5mmがカフェ・カイラ風！

リンゴのカラメリゼ

- リンゴ ………… 1/2個
- グラニュー糖 …… 100g
- 無塩バター ……… 10g
- 塩 ………………… 少々
- シナモンパウダー … 1g
- バニラエッセンス … 9g

1. フライパンに、無塩バター、水(少々)を入れて、バターが溶けるまで弱火にかける。
2. バターが溶けたら、グラニュー糖、塩、シナモンパウダー、バニラエッセンスを順に入れてよく混ぜる。
3. リンゴを8等分のくし切りにして2に入れ、中火で煮る。焦がさないよう、たまに混ぜる。
4. リンゴの表面がやわらかくなったら、火を止める。余熱で火が入るため、少し早めに火を止める。

Point
★リンゴは皮付きのまま使うので、よく洗いましょう。　★バナナをカラメリゼにしても美味しいです。

ベリー&ベリーパンケーキ
BERRY BERRY PANCAKES

◆ 甘酸っぱいストロベリーとブルーベリーを、とろけるアイスと一緒に ◆

パンケーキ生地
「カイラ・オリジナル・パンケーキ
(⇒P19)」と同じ

トッピング
いちご ………………… 8個
ブルーベリー ………… 20粒
バニラアイス ………… 80g
粉砂糖 ………………… 適宜
ホイップクリーム ……… 適宜
メープルシロップ ……… 適宜
チョコレートソース …… 適宜

1. 「カイラ・オリジナル・パンケーキ (⇒P19)」と同様に、パンケーキを3枚焼く。
2. パンケーキを皿に盛り、いちごスライス、ブルーベリーを盛り付ける。
3. フルーツの上に、バニラアイスをのせ、仕上げに粉砂糖をふる。
4. ホイップクリーム、メープルシロップ、チョコレートソースは別添えにして、お好みで。

Point
★アイスは、温めたスプーンですくうと綺麗にくり抜いて盛ることができます。
★アイスの種類をかえてアレンジするのもおすすめです。

マンゴーバナナパンケーキ
MANGO BANANA PANCAKES

フルーツ×チョコレートにレモンを絞って大人っぽく

パンケーキ生地
「カイラ・オリジナル・パンケーキ
（⇒P19）」と同じ

トッピング
バナナ …………………… 1本
バニラアイス ………… 80g
マンゴーソース
　冷凍マンゴー ……… 200g
　グラニュー糖 ………18g
　水 …………………10ml

チョコレートソース …… 適宜
粉砂糖 ………………… 適宜
レモン ………………… 1/8個
ホイップクリーム ……… 適宜

1. 「カイラ・オリジナル・パンケーキ（⇒P19）」と同様に、パンケーキを3枚焼く。
2. マンゴーソースを作る。冷凍マンゴー（150g）をミキサーでよく混ぜ、小鍋に移し、グラニュー糖、水を入れて中火で煮る。表面がぷつぷつしてきたら火からおろして小鍋ごと氷水で冷やし、残りの冷凍マンゴー（50g）を1cm角にして加える。
3. パンケーキを皿に盛り、スライスバナナを盛り付け、バニラアイスをのせ、アイスを覆うようにマンゴーソースをかける。その上にチョコレートソースを格子状（こうし）にかけ、仕上げに粉砂糖をふる。
4. くし切りにしたレモン、ホイップクリームは別添えにして、お好みで。

Point ★レモンを絞ると、ひと味違った味を楽しめます。

スフレパンケーキ

SOUFFLE PANCAKES

パンケーキの生地を使って、ふんわりスフレはいかが？

スフレ生地[直径20cm分]
「カイラ・オリジナル・パンケーキ
(⇒P19)」の生地 ……………………… 1/3量
卵白 ………………………… 2〜3個分(90g)
グラニュー糖 …………………………… 13g
バナナ ………………………………… 1/2本
クリームチーズ ………………………… 50g

トッピング
「パイナップルバター
(⇒ページ下)」…………… 50g
ミント …………………… 適宜

1. オーブンを160℃に余熱する。
2. 「カイラ・オリジナル・パンケーキ(⇒P19)」の生地の1/3量をボウルに入れ、バナナスライス、クリームチーズをスプーンで小さめにすくって入れる。
3. 別のボウルによく冷えた卵白とグラニュー糖を入れ、メレンゲを作る。ツノが立つまで泡だて器でしっかり泡立てる。
4. 2の生地にメレンゲをひとすくい入れ、ゴムベラで8割ほど混ぜる。
5. 残りのメレンゲを入れて、ゴムベラで切るようにさっくり混ぜる。メレンゲが少し残るくらいが目安。
6. 直径20cm・高さ2cmほどの耐熱皿に生地を流し、160℃で約20分焼く(焼き時間はオーブンによる)。
7. 焼き上がったスフレパンケーキに、「パイナップルバター(⇒ページ下)」をのせ、ミントを飾る。

Point
★ 中までしっかり焼けたことを確認しましょう。竹串を刺して、何もついてこなければOKです。
★ オーブンから出すとどんどんしぼんでいくので、焼きたてを手早く仕上げて召し上がれ。
★ 冷蔵庫でよく冷やしてから食べても美味しいです。

パイナップルバター

冷凍パイナップル…25g
無塩バター…………25g

1. フードプロセッサーに冷凍パイナップルとよく冷えた無塩バターを入れ、混ぜ合わせる。
2. ポロポロの状態(写真のような状態)になればOK。

Point ★パイナップルを他のフルーツにかえてアレンジするのもおすすめです。

ベイクドプディングパンケーキ
BAKED PUDDING PANCAKES

◀ こんがりキツネ色の香ばしいパンケーキ！ 焼きたてを頬張って ▶

プディング生地[直径20cm分]

卵	3個
グラニュー糖	30g
塩	2g
小麦粉	60g
牛乳	120ml
バニラエッセンス	3g
無塩バター（焼くとき用）	10g

トッピング

リンゴ	1/2個分
無塩バター（リンゴのソテー用）	20g
グラニュー糖	12g
バニラアイス	80g
ミント	適宜
レモン	1/8個

1. オーブンを220℃に余熱する。
2. リンゴのソテーを作る。リンゴを8等分に切り、バターを入れたフライパンに加え、しんなりするまで中火で炒める。余熱で火が入るので少し早めに火を止める。
3. プディング生地の材料を上から順にボウルに入れ、泡だて器でよく混ぜる。小麦粉はふるってから入れる。
4. 直径20cm・高さ2cmほどの耐熱皿に溶かした無塩バターを入れ、3の生地を流し込む。
5. リンゴのソテーを生地の上にランダムに並べ、220℃で約10分焼く（焼き時間はオーブンによる）。
6. 焼き上がったら全体にグラニュー糖をかける。バニラアイスをのせ、ミント、レモンを添える。

★焼き具合をよく確認しましょう。端がキツネ色になるまで焼いてください。
★アイスの上からシナモンパウダーをふると、ひと味違った味を楽しめます。

パブロバ
PAVLOVA

◀ サクサクのメレンゲ生地となめらかな練乳クリームの競演です ▶

メレンゲ生地[直径10cm×2個分]
- 卵白 ……………………… 1個分
- グラニュー糖 …………… 40g
- 塩 ………………………… 少々
- バニラエッセンス ……… 1g
- 酢 ………………………… 1g
- コーンスターチ ………… 3g

トッピング
- 「練乳クリーム(⇒ページ下)」…… 88g
- いちご …………………… 6個
- バナナ …………………… 1/2本
- パイナップル …………… 7切
- ブルーベリー …………… 10〜15粒
- ミント …………………… 適宜

1. オーブンを150℃に余熱する。
2. よく冷えた卵白に塩を入れ、グラニュー糖を3回に分けて加えながら、泡だて器でツノが立つまでしっかり泡立てる。
3. 2にバニラエッセンス、酢を少しずつ加えながら混ぜる。
4. 3にコーンスターチを加えて、さらによく混ぜる。
5. クッキングシートを敷いた天板に、生地を直径10cmほどの円を描くように2等分にしてのせる。
6. 150℃で約90分焼き(焼き時間はオーブンによる)、焼き上がったら冷ましておく。
7. メレンゲが冷えたら皿にのせ、その上に練乳クリームをたっぷりのせる。
8. いちごスライス、バナナスライス、カットパイナップル、ブルーベリーを盛り付け、仕上げに粉砂糖をふり、ミントを飾る。

★メレンゲは焼くと広がるので、天板上に間隔をあけて置き、ヘラで少しこんもりさせておきましょう。
★焼き上がったメレンゲを保存する場合は、乾燥剤を入れて保存します。

練乳クリーム

- 植物性生クリーム … 70g
- 練乳 ……………… 18g

1. 練乳と植物性生クリームをボウルに入れ、泡だて器でツノが立つまでしっかり泡立てる。

Point ★仕上げのフルーツが沈まないよう、練乳クリームは固めにしっかり泡立てましょう。

HAWAIIAN BREAKFAST COLUMN

プラスαのしあわせ

パンケーキやワッフルをさらに美味しくしてくれるのが、ふわふわのホイップクリームと、とろりと甘いメープルシロップです。カフェ・カイラでは、ほとんどのパンケーキ、ワッフル、フレンチトーストに添えられていますが、単品で追加オーダーするファンも少なくありません。ホイップクリームやメープルシロップを生地の上に直接のせずに小さなカップに入れて別添えしている理由は、まずはパンケーキの生地そのままの味を楽しんでほしいから。カフェ・カイラの生地のレシピは、じつは甘さ控えめ。はじめは小麦粉、卵のシンプルな美味しさを、そして、フルーツの自然の甘酸っぱさでパンケーキを存分に味わってみてください。そのあとは、ホイップクリームやメープルシロップをお好みで。しあわせな食感と甘さが口一杯に広がります。ご家庭でもぜひこのプラスαをお忘れなく。

chapter 2

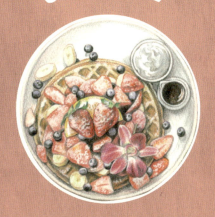

ワッフル
WAFFLES

キッチンに広がるいい香り
焼き器をあける瞬間が待ち遠しい

BASIS OF WAFFLES
ワッフルの基本

- ●計量した粉類（小麦粉、グラニュー糖、ベーキングパウダー、塩）は合わせておき、**卵液に混ぜる直前に粉ふるいにかけます。**

- ●粉と卵液を混ぜるときは、**泡だて器を使ってしっかり混ぜ合わせましょう。**

- ●**ワッフル器をしっかり熱してから**焼きましょう。

- ●焼くときは、ワッフル器に1回ずつ**オイルスプレーをする、または、サラダオイルを塗る**ことをお忘れなく。

これだけは気をつけて

ワッフルは「かたち」も肝心！
きれいに焼き上げるために
ワッフル器の加熱やオイルをお忘れなく。

リンゴとクリームチーズワッフル

APPLE & CREAM CHEESE WAFFLES

粉と卵、果物、チーズ。素朴で飾らない永遠の美味しさ

ワッフル生地
- 卵 ………………………… 1個
- 牛乳 ……………………… 150ml
- 無塩バター ……………… 60g
- 小麦粉 …………………… 120g
- グラニュー糖 …………… 25g
- ベーキングパウダー …… 10g
- 塩 ………………………… 1g

トッピング
- 「リンゴのカラメリゼ (⇒P19)」
  ………………………………… 8切
- バナナ …………………… 1本
- ホイップクリーム ……… 適宜
- クリームチーズ ………… 40g
- メープルシロップ ……… 適宜

1. 卵に、牛乳、溶かした無塩バター（電子レンジで加熱または湯煎）を入れ、泡だて器で混ぜる。
2. 小麦粉、グラニュー糖、ベーキングパウダー、塩を合わせてふるって1に加え、よく混ぜる。
3. 余熱したワッフル器で約4分半焼く（焼き時間はワッフル器による）。
4. 「リンゴのカラメリゼ (⇒19P)」を作る。
5. 焼き上がったワッフルに、バナナスライス、リンゴのカラメリゼをのせる。
6. ホイップクリーム、クリームチーズ、メープルシロップは別添えにして、お好みで。

Point ★溶かしたバターを混ぜるとき、バターが固まらないよう手早く混ぜます。

キャラメルバナナワッフル

CARAMEL & BANANA WAFFLES

ご褒美のような甘いディッシュが、ココロもカラダも満たします

ワッフル生地
「リンゴとクリームチーズワッフル（⇒P33）」と同じ

トッピング
バナナ ………………… 2本
バニラアイス ………… 80g
キャラメルソース …… 適宜
ホイップクリーム …… 適宜
メープルシロップ …… 適宜

1. 「リンゴとクリームチーズワッフル（⇒P33）」と同様に、ワッフルを焼く。
2. ワッフルの上に、スライスバナナを盛り、バニラアイスをのせる。その上にキャラメルソースを格子状にかけ、仕上げに粉砂糖をふる。
3. ホイップクリーム、メープルシロップは別添えにして、お好みで。

★キャラメルソースは、少し高い位置から細い線を描くようにかけると綺麗に仕上がります。

コナコーヒーワッフル

KONA COFFEE WAFFLES

ちょっとビターなワッフルはチョコとミントがアクセント

ワッフル生地
「リンゴとクリームチーズワッフル
（⇒P33）」と同じ
牛乳 ……………………… 160ml
コナコーヒー（挽き豆）……… 12g

トッピング
バニラアイス ……………… 65g
チョコレートソース ………… 適宜
ココアパウダー（無糖）…… 適宜
ミント ……………………… 適宜

1. 小鍋に、牛乳とコナコーヒーを入れて中火にかける。まわりがぷつぷつし始めたら火を止め、ふたをして約6分蒸らす。茶こしまたはキッチンペーパーで漉して、全体量が150mlになるよう、牛乳を加える。
2. 卵に、1、溶かした無塩バター（電子レンジで加熱または湯煎）を入れ、泡だて器で混ぜる。
3. 小麦粉、グラニュー糖、ベーキングパウダー、塩を合わせてふるって2に加え、よく混ぜる。
4. 生地にラップをして、冷蔵庫で一晩寝かす。
5. 余熱したワッフル器で約4分半焼く（焼き時間はワッフル器による）。
6. 焼き上がったワッフルに、バニラアイスをのせる。その上にチョコレートソースを格子状にかけ、仕上げにココアパウダーをふり、ミントを飾る。

Point
★コナコーヒーを牛乳で煮だすとき、牛乳が沸騰しないようにご注意を。
★生地を一晩寝かせることにより、生地がなじみ、よりもっちり仕上がります。

HAWAIIAN BREAKFAST COLUMN

ワッフル焼き器の秘密

ワッフルとパンケーキ。生地の材料がほぼ同じであるこの2つの違いは、何といっても形。とくにワッフルは、上下2枚の焼き板で挟むという焼き方、そして、蜂の巣のような格子状の焼き上がりが最大の特徴です。じつは、このワッフルの姿には奥深い歴史があります。遡ること約1500年前。キリスト教の宣教師たちが2枚の金属の間に生地を流し入れ、パンのようなものを焼いたことがワッフルのはじまりといわれています。生地をはやく焼き上げるために、金属に模様を付けて表面積を広げたのです。ちなみに、当時の模様は格子状ではなく、宗教的シンボルでした。現在のような模様が現れるのは20世紀に入ってから。ワッフルの名は、ドイツ語で「はちみつがいっぱい詰まった蜂の巣」を意味する「wafel」に由来します。そんなワッフルは、今も昔も世界中で多くの人を魅了し続けています。

chapter 3

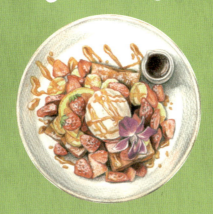

フレンチトースト
FRENCH TOAST

たっぷり卵をふくんだ厚切りパンを
もっちりと香ばしく焼き上げて

BASIS OF FRENCH TOAST
フレンチトーストの基本

- **アパレイユ（溶き卵生地）の材料はよく混ぜましょう。**
  パンに染み込みやすくなります。

- **堅いパンほど、アパレイユに長時間ひたしましょう。**
  フランスパンなど堅めのパンなら1時間が目安です。

- **パンは、お好みでかえてもOKです。アレンジを楽しみましょう。**

- **火加減は、中火でゆっくり。** ほどよい焼き色が付くまで焼きます。
  強火で焼くと、内側が冷たいまま外側だけ焦げてしまうので、ご注意を。

- **フライパンで焼いた後に200℃のオーブンで1～2分焼くと、**
  表面がサクッと仕上がります。

これだけは気をつけて

焦がさないように「内側まで火を通す」こと。
火加減は中火で、ゆっくりと。

ココナッツフレンチトースト

COCONUT FRENCH TOAST

ココナッツの甘い香りに誘われて。テラスでのんびり朝食を

バケット（3cm幅） ………… 3切
クリームチーズ ……………15g
無塩バター（焼くとき用）…… 少々

アパレイユ（溶き卵生地）
卵 ………………………… 1個
グラニュー糖 ……………… 40g
牛乳 ……………………… 25ml
ココナッツミルク ………… 50ml

トッピング
バナナ ………………… 1/2 本
いちご ………………… 5 個
オレンジ ……………… 1/8 個
ブルーベリー ……… 8〜10 粒
ホイップクリーム ………… 適宜
キャラメルソース ………… 7g
「ローストマカダミアナッツ
（⇒ページ下）」…………… 15g

1. ボウルに、アパレイユの材料をすべて入れ、泡だて器でよく混ぜる。
2. バケットの真ん中に切り込みを深めに入れて、間にクリームチーズ（5gずつ）を塗る。
3. 2のバケットにアパレイユを、たっぷり染み込ませる。
4. 弱火で温めたフライパンに無塩バターを溶かし、バケットを焼く。焼き色が付いたらひっくり返す。
5. 両面が色よく焼けたら、200℃に余熱しておいたオーブン（またはオーブントースター）で1〜2分焼き、表面をカリッとさせる。
6. トーストを皿に盛り、バナナスライス、いちごスライス、皮をむいてスライスしたオレンジ、ブルーベリーを添える。仕上げに粉砂糖をふる。
7. ホイップクリームを絞り、キャラメルソースをかけて、「ローストマカダミアナッツ（⇒ページ下）」を砕いて散らす。

★アパレイユに一晩浸けておくと、さらに美味しくなります。
★ココナッツミルクは、必ずパッケージをよくふってから使いましょう。
★アパレイユが残ったら冷蔵庫で保管を。使うときに再度よく混ぜるのをお忘れなく。

ローストマカダミアナッツ

マカダミアナッツ … 15g

1. 160℃のオーブンで約2分、少し色づくまでローストする。

★余熱が入りやすいため、少し色づいた時点でオーブンから出すとほどよく仕上がります。
★このままおつまみで食べても美味しいです。

リンゴとブルーベリーフレンチトースト
APPLE & BLUEBERRY FRENCH TOAST

◆ シナモンシュガーがいい味です。熱い紅茶がよく似合います ◆

角切りブリオッシュ
（2cm幅）……………3切
無塩バター（焼くとき用）
………………………少々

アパレイユ（溶き卵生地）
卵 …………………… 2個
グラニュー糖 ……… 40g
牛乳 ………………25ml
生クリーム ………25ml
シナモンパウダー …… 1g
塩 ……………………少々

トッピング
「リンゴのカラメリゼ（⇒P19）」… 8切
シナモンシュガー
　グラニュー糖 ………………… 20g
　シナモンパウダー ……………… 1g
ブルーベリー ……………… 8〜10粒
チョコレートアイス ……………… 80g
ホイップクリーム ………………… 適宜
メープルシロップ ………………… 適宜

1. ボウルに、アパレイユの材料をすべて入れ、泡だて器でよく混ぜる。
2. 「リンゴのカラメリゼ（⇒P19）」を作る。
3. 「ココナッツフレンチトースト（⇒P41）」と同様に、ブリオッシュにアパレイユを染み込ませ、焼く。
4. トースト3枚を皿に盛り、シナモンシュガーをふりかける。その上にリンゴのカラメリゼ、ブルーベリー、チョコレートアイスを盛り付ける。仕上げに粉砂糖をふる。
5. ホイップクリーム、メープルシロップは別添えにして、お好みで。

Point
★シナモンシュガーの甘さはお好みで調節してください。
★アイスの種類をかえてアレンジするのもおすすめです。

ショコラフレンチトースト

CHOCOLAT FRENCH TOAST

粗く砕いたローストナッツとエスプレッソは、食後の一皿にも

バケット（2cm 幅）
　　………………… 3切

アパレイユ（溶き卵生地）
卵 ………………… 1個
グラニュー糖 ……… 40g
牛乳 ……………… 30ml
生クリーム ………… 30ml
ココア ……………… 4g

トッピング
「ローストマカダミアナッツ
（⇒P41）」…………… 6g
バニラアイス ……………… 65g
エスプレッソ …………… 30ml
ホイップクリーム ………… 適宜

1. ボウルに、アパレイユの材料をすべて入れ、泡だて器でよく混ぜる。
2. 「ココナッツフレンチトースト（⇒P41）」と同様に、バケットにアパレイユを染み込ませ、焼く。
3. トースト3枚を皿に盛り、バニラアイスをのせ、「ローストマカダミアナッツ（⇒P41）」を粗く砕いて散らす。
4. エスプレッソ（または濃いコーヒー）、ホイップクリームは別添えにして、お好みで。

★エスプレッソは淹れたてをアイスにかけて、いただきます。
★皿にフォークを置き、上からココアをふる演出もおすすめです。

LOCO DRINK

ハワイの街にはカラフルなカクテルがあふれています。カフェ・カイラでも、朝食にぴったりのノンアルコールカクテルが人気です。ココナッツ味で南国気分いっぱいの「ピニャコラーダ」や、ポリネシア語の「Mai tai（最高）」がその名の由来である、トロピカルカクテルの女王「マイタイ」。そしてカフェ・カイラオリジナルの爽快な「パッションレモンコーラ」。朝のテーブルにトロピカルな一杯を。

ピニャコラーダ

ココナッツシロップ……… 20ml	牛乳 ………………… 100ml
ココナッツミルク………… 20ml	氷 …………………… 3個
パイナップルジュース……100ml	

1. グラスにすべての材料を入れる（順不同）。
2. マドラーでよく混ぜる。ココナッツミルクが固まりやすいので念入りに。
3. ココナッツは味が強いので、味見をして好みに調整する。

Point ★炭酸のパイナップルジュースでも、爽快で美味しいです。

トロピカルマイタイ

パイナップルジュース …………… 120ml	パッションフルーツシロップ ……… 5ml
ブラッドオレンジジュース ……… 50ml	氷 ……………………………………… 3個

1. グラスにパッションフルーツシロップ、パイナップルジュースを順に入れて、よく混ぜる。
2. 氷を1のジュースから顔を出すように入れる。
3. 氷に沿わせてゆっくり、ブラッドオレンジジュースを注ぎ、綺麗な層を作る。

Point ★ピンクグレープフルーツジュースなど、渋みのあるジュースでも美味しいです。

パッションレモンコーラ

コーラ ……………………200ml	レモンカルチェ（カットレモン）…… 1切
パッションフルーツソース ……… 5ml	氷 ……………………………………… 3個

1. グラスにまずコーラを入れる。
2. パッションフルーツソースを入れ、氷を入れる。
3. グラスの縁にレモンを差す（お好みで絞る）。

Point
★コーラを入れてからパッションフルーツソースを入れると、泡が立ちにくいです。
★いちごや桃、ココナッツなど、いろいろなフルーツシロップでお楽しみください。

LOCO DRINK

ロコたちが大好きなコーヒー。なかでも「コナコーヒー」は、ジャマイカのブルーマウンテン、タンザニアのキリマンジャロとともに世界三大コーヒーのひとつに数えられる、ハワイ自慢の一品です。一般的に酸味が強いといわれ、ハワイ島にあるコナ地区で栽培されたものしかコナコーヒーと名乗れません。コーヒー豆の品質管理に厳しいハワイ州は、コナコーヒーを豆のサイズや欠陥豆の数などで5つの等級に格付けしています。ちなみに、カフェ・カイラで使われるコーヒー豆は最上級の「エクストラファンシー」です。

また、コナコーヒーは生産量が少ないため、10%以上使用していれば「コナブレンド」を名乗ることが法律で許されています。バニラやマカダミアなどのフレーバー付きコナブレンドも魅力です。ハワイを彷彿とさせる甘く香ばしいコーヒーの香りを、ぜひお楽しみください。

コナコーヒー　ハワイ州が制定するコナコーヒー5つの等級

等級	コーヒー豆のサイズ	豆に含まれている水分	欠陥豆の割合 1ポンド(453g)につき
エクストラファンシー	19/64以上	9～12%	10粒以下
ファンシー	18/64以上	9～12%	16粒以下
No.1	16/64以上	9～12%	20粒以下
セレクト	特になし	9～12%	重さの5%以下
プライム	特になし	9～12%	重さの25%以下

（形状が異なるピーベリーを除く）

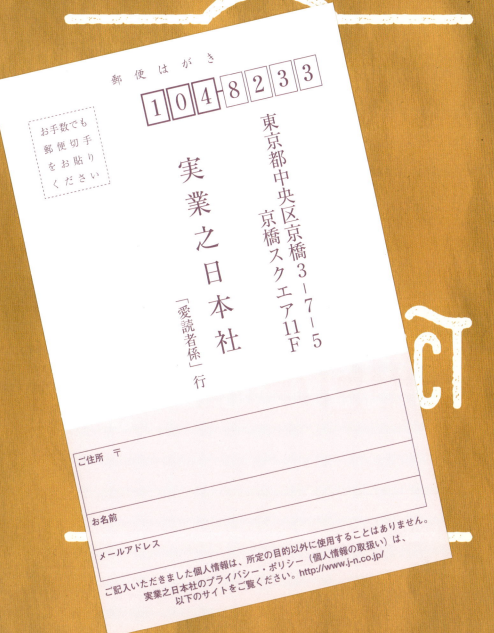

BASIS OF EGGS BENEDICT
エッグスベネディクトの基本

- ●ポーチドエッグを作るときは、**鍋の中に渦**を作ります。

- ●ポーチドエッグを作るとき、白ワインビネガーを入れるタイミングは、
  必ず湯が沸騰してから、卵を入れる直前。
  最初から白ワインビネガーを入れて沸かすと、ポーチドエッグが固まりにくくなります。

- ●白ワインビネガーは酢でも代用できますが、
  白ワインビネガーを使ったほうがポーチドエッグが固まりやすいのでおすすめです。

- ●半熟で上げたポーチドエッグは**すぐに氷水にとり**、加熱を止めましょう。

- ●ポーチドエッグを温めなおすときには、新たに沸かした湯を用意します。
  長く湯に入れすぎると卵が固くなってしまうのでご注意を。

- ●オランデーズソースをかけるときは、
  ポーチドエッグの**真ん中の頭上からかける**と、綺麗に仕上がります。

これだけは気をつけて

ポーチドエッグは「半熟」が命！
火を入れすぎないようにご注意を。

カイラスペシャルエッグスベネディクト
KAILA SPECIAL EGGS BENEDICT

カフェ・カイラの大人気メニューをわが家で再現！

イングリッシュマフィン ····· 1個
ベーコン（厚切り）·········· 2枚
「オランデーズソース
（⇒ページ下）」············ 250g
パセリ（みじん切り）······· 少々

ポーチドエッグ
卵 ···································· 2個
水 ·································· 1.2l
白ワインビネガー（または酢）
································· 120ml
氷水 ······························· 適量

1. 鍋に水を入れて沸かし、沸騰したら、白ワインビネガーを入れる。
2. 火を中火～弱火にして、湯をかき混ぜて渦を作り、卵をゆっくり入れる。卵はあらかじめ容器に割っておくとよい。
3. 約2分ゆで（卵が少しプルプルした状態で）湯から上げ、用意しておいた氷水の中に入れる。
4. マフィンを半分の薄さに切り、トースターで軽く焼き目が付くまで焼く。
5. フライパンにベーコンを入れ、焼き色が付くまで焼く。
6. 3のポーチドエッグを、新たに沸かした湯に2分ほど入れ、温めなおす。
7. 皿にマフィンを置き、ベーコン、温めなおしたポーチドエッグをのせ、上から「オランデーズソース（⇒ページ下）をかけて、パセリをふる。

Point
★白ワインビネガーを入れるタイミングは、必ず湯が沸騰してから、卵を入れる直前。
★ポーチドエッグは、湯から上げたらすぐに氷水に入れましょう。

オランデーズソース

卵黄················ 3個分
バター··············· 70g
塩・コショウ ········ 各1g
ウスターソース
············· 小さじ1/2
レモン汁········ 小さじ1
レモンの皮·········· 少々

1. ボウルに卵黄を入れ、湯煎にかけながらホイッパーで混ぜる。
2. 少し白くなり、人肌程度になったら湯煎から外し、もったりするまで混ぜる。
3. 電子レンジでバターを温め、液体になって分離したら、上澄みの部分を4～5回に分けて少しずつ2に加え、混ぜる。
4. 持ち上げて線が引けるくらいになったら、塩、コショウ、ウスターソース、レモン汁、レモンの皮を入れてよく混ぜる。

Point
★ソースが重くなったら、バターの上澄みではなく沈んでいる白い液体を入れて濃度の調節を。

スモークサーモンエッグスベネディクト
SMOKED SALMON EGGS BENEDICT

◆ スモークサーモンの薫香と塩気が半熟卵にベストマッチ ◆

イングリッシュマフィン ……… 1個
スモークサーモン ……… 45ｇ×2
「オランデーズソース（⇒P51）」
………………………… 250ｇ
パセリ（みじん切り）……… 少々

ポーチドエッグ
「カイラスペシャル
エッグスベネディクト（⇒P51）」と同じ

1. 「カイラスペシャルエッグスベネディクト（⇒P51）」と同様に、ポーチドエッグを作り、マフィンを焼く。
2. スモークサーモンをフライパンで焼く。焼き加減はミディアムレアがベスト。
3. 皿にマフィンを置き、スモークサーモン、温めなおしたポーチドエッグをのせ、上から「オランデーズソース（⇒P51）」をかけて、パセリをふる。

Point ★スモークサーモンは焼き過ぎると崩れやすくなってしまうのでご注意を。

カルアピッグエッグスベネディクト
KALUA PIG EGGS BENEDICT

ハワイ伝統の豚料理「カルアピッグ」を手作りしましょう

イングリッシュマフィン ……… 1個
「オランデーズソース(⇒P51)」
………………………… 250g
パセリ(みじん切り) ……… 少々

カルアピッグ
豚ロース(ブロック) …… 300g
スモークリキッド ……… 70ml
塩・コショウ ………… 各少々

ポーチドエッグ
「カイラスペシャル
エッグスベネディクト
(⇒P51)」と同じ

1. 「カイラスペシャルエッグスベネディクト(⇒P51)」と同様に、ポーチドエッグを作り、マフィンを焼く。
2. 豚肉を2×6cmくらいの長方形に切り圧力鍋に入れ、塩・コショウをすり込み、スモークリキッドを加えて全体にもみ込むように混ぜて、なじませる。
3. 圧力鍋に、豚肉がかぶるくらいの水を入れ、約30分煮る。
4. 煮上がった豚肉を手で裂くようにして、ほぐす。
5. 皿にマフィンを置き、ほぐしたカルアピッグ、温めなおしたポーチドエッグをのせ、上から「オランデーズソース(⇒P51)」をかけて、パセリをふる。

Point
★豚肉にすり込む塩・コショウは、やや多めでも大丈夫です。
★豚肉を裂くときは必ず肉が温かいうちにほぐしましょう。
★スモークリキッドがない場合は、塩加減をみながら、スモークソルトでお試しを。
★カルアピッグにBBQソースを少し混ぜるのもおすすめです。

HAWAIIAN BREAKFAST COLUMN

名脇役ハーブローストポテト

カフェ・カイラの隠れた人気メニューがこの「ハーブローストポテト」です。エッグスベネディクトやオムレツなどの卵料理の付け合わせとして、ライスかハーブローストポテトを選べるのですが、ほとんどの人がハーブローストポテトをチョイスします。そこで、この名脇役の付け合わせレシピを大公開。

【材料】じゃがいも…2個、塩…少々、ハーブ（バジル、オレガノ、タイム、ローズマリー…各小さじ1/2、ブラックペッパー、ガーリックパウダー…各少々）

【作り方】まず、じゃがいもを12〜16分割して、鍋に入れて水からゆでます。沸騰してじゃがいもの芯がなくなってきたらザルにあげて水気を切り、サラダオイルを入れたフライパンで、塩をふりながらキツネ色になるまで炒めます。美味しそうな色になったら火を弱め、ハーブを加えてなじませて完成です！

chapter 5

卵料理いろいろ
EGG DISH

滋味あふれる卵料理の数々
笑顔のテーブルが広がります

ミート&チーズオムレツ

MEAT & CHEESE OMELET

あふれるほどにぎっしり詰まったスパムとベーコンが魅力です

オムレツベース
卵 ……………………… 3個
牛乳 …………………… 40ml

具材
スパム（さいの目切り） ……… 1/4缶
ベーコン（拍子切り） ………… 3枚
モッツァレラチーズ …………… 30g
サラダオイル …………… 大さじ1
ガーリックソルト ……… 小さじ1/2

1. ボウルに、卵と牛乳を入れて混ぜ、オムレツベースを作る。
2. フライパンにサラダオイルをひき、熱くなる前にオムレツベースを入れガーリックソルトをふり、中火～弱火でゆっくり加熱。卵の底が固まり始めたらヘラで底面を持ち上げ、液状の卵を焼けた卵の下に流す。これを液がなくなるまでくり返したら、フライパンを火から外す。オムレツの上に、モッツァレラチーズをのせて余熱でチーズを溶かす。
3. 別のフライパンにサラダオイルをひき、スパムとベーコンを入れ、キツネ色になるまで炒める。余分な油はキッチンペーパーで拭き取る。
4. 3のスパムとベーコンが温かいうちに、2のオムレツの半分にのせ、ヘラなどで折りたたむ。
5. 皿を手に持ち、フライパンをひっくり返すようにして、オムレツを盛り付ける。

Point
★牛乳を入れると卵に火が入り過ぎず、しっとりしたオムレツになります。
★卵と牛乳を混ぜた後、ザルなどで漉すと、よりなめらかなオムレツが作れます。
★スパムは油を抜くように炒め、ゴールデンブラウン色に仕上げるのがカフェ・カイラ風！

フリタータ

FRITTATTA

◀ 外はカリカリ、中はふんわり。栄養満点、ボリュームいっぱい ▶

オムレツベース

卵 …………………… 5個
牛乳 ………………… 65ml

具材

じゃがいも（皮付き・さいの目切り）
　…………………………………… 1/2 個(80g)
玉ねぎ（みじん切り）…………… 1/4 個(60g)
マッシュルーム（スライス）…… 1/2 パック(70g)
ベーコン（拍子切り）………………… 2〜3 枚
サラダオイル ……………………… 大さじ 2
モッツァレラチーズ ………………… 20g
パルメザンチーズ …………………… 10g
塩・コショウ、MIX ハーブ ………… 各少々

1. オーブンを250℃に予熱する。
2. 小鍋で、水からじゃがいもをゆで、芯がなくなったら水気を切る。サラダオイルをひいたフライパンに入れ、塩・コショウ、MIXハーブで味をととのえる。
3. 別のフライパンにサラダオイルをひき、玉ねぎを炒めて軽く塩・コショウをする。少し透き通ってきたらマッシュルームとベーコンを加え、中火〜強火で炒める。
4. 3の具材に火が通ったら、2のじゃがいもを加え、残りのサラダオイルを入れる。
5. 4のフライパンにオムレツベースを流し入れ、中火で加熱。卵の底が固まり始めたらヘラで底面を持ち上げ、液状の卵を焼けた卵の下に流す。これを液がなくなるまでくり返す。
6. 液状の卵がなくなったら、モッツァレラチーズとパルメザンチーズを全面に広げてのせ、火から外してひっくり返す。
7. オムレツを耐熱皿に移し（またはフライパンごと）250℃のオーブンに入れ、3〜4分、焼き色が付くまで焼く。
8. 裏面を見て、チーズが溶けて綺麗なキツネ色になっていたら、ひっくり返して皿に盛る。

Point
★ 玉ねぎは弱火で、ゆっくり甘味を出すように炒めましょう。
★ マッシュルームとベーコンは中火〜強火で、余分な水分やスモークの香りが出るように炒めましょう。
★ ヘラで底面に卵を流すときは、フライパンの端からやさしく少しだけ持ち上げて卵が自然に流れるように。

ケサディーヤ
QUESADILLA

◆ ハワイ本店でロコたちから愛される一品。ソースをたっぷりかけて ◆

オムレツベース
卵 …………………… 3個
牛乳 ………………… 40ml

具材
トルティーヤ（12インチ）…… 1枚
ハム ………………………… 3枚
ベーコン …………………… 3枚
モッツァレラチーズ ………… 15g
チェダーチーズ …………… 15g
サラダオイル ………… 大さじ1

1. フライパンにサラダオイルをひき、ハムとベーコンをキツネ色になるまで炒める。
2. 1のフライパンにオムレツベースを流し入れ、フライパンとヘラを動かしながらスクランブル状になるまでよく混ぜる。
3. 別のフライパンにトルティーヤを置き、その上にモッツァレラチーズとチェダーチーズをのせ、弱火でチーズをゆっくり溶かす。
4. チーズが溶け始めたら、2のスクランブル状になったオムレツを半分にのせ、ヘラなどで折りたたむ。
5. 両面に美味しそうな焼き色が付くまで焼く。

Point
★スクランブルはゆるすぎると流れてしまうので、少し固めがベストです。
★トルティーヤがパリパリになり過ぎると切るときに崩れるので、焼き過ぎにご注意を。

サルサソース

トマト（さいの目切り）…1/2個、レッドオニオン（みじん切り）…10g、にんにく（みじん切り）…1/6片、ハラペーニョ（みじん切り）…3g、パクチー（葉・みじん切り）…1/2本、きゅうり…1/6本、ライム汁…小さじ1/2、カイエンヌペッパー、クミン…各小さじ1/4、チリパウダー、塩、ブラックペッパー…各少々、エクストラバージンオリーブオイル…15ml

1. トマトは種を取り、水気を切る。レッドオニオンは水にさらし、辛みが抜けたらよく水気を切る。
2. オリーブオイル以外の食材をボウルに入れて混ぜる。ザルに移して余分な水分をしっかり切り、軽く塩とブラックペッパーをふりかける。
3. オリーブオイルをゆっくり入れながら軽く混ぜ、味をととのえる。

★ハラペーニョの代わりに、ピクルス+タバスコ2～3滴でもOK。

ワカモレ（アボカド）ソース

アボカド…1/4個、レモン汁…1/8個分、レッドオニオン…5g、塩、ホワイトペッパー、ガーリックソルト…各少々、タバスコ…2～3滴

1. レッドオニオンは水にさらし、辛みが抜けたらよく水気を切る。
2. アボカドとレモン汁をボウルに入れ、フォークやスプーンで、軽く粒が残る程度に混ぜる。
3. 2にレッドオニオンを加えて混ぜ、塩、ホワイトペッパー、ガーリックソルト、タバスコを混ぜ、味をととのえる。

アメリカン・ブレックファスト
AMERICAN BREAKFAST

◆ 主役の目玉焼きは、どう焼く？　お好みのスタイルで楽しんで ◆

卵	2個
ベーコン	3枚
ミックスサラダ	適量
「ハーブローストポテト（⇒P54）」	適量
パン	3枚
サラダオイル	大さじ1

1. フライパンにサラダオイルをひき、熱くなる前に卵を割り入れ、それぞれの焼き方に応じて卵を焼く。
2. 別のフライパンにサラダオイルをひき、温まったらベーコンを入れ焼き色が付くまで焼く。
3. 皿に、ミックスサラダ、「ハーブローストポテト（⇒P54）」、パンを盛り付け、ベーコン、卵焼きをのせる。

Point
★卵は火加減が難しい食材です。弱火でゆっくり火を入れていきましょう。
★ベーコンを焼いた後はキッチンペーパーなどで余分な油を拭き取りましょう。

目玉焼きの焼き方

サニーサイドアップ
片面焼

ひっくり返さずに、極弱火のまま焼く。白身のみ火が通り、黄身にはまったく火が通っていない状態。

オーバーイージー
半熟焼

極弱火で、両面1分ずつ、焼き色が付かない程度に焼く。白身のみ火が通り、黄身にはほとんど火が通っていない状態。

オーバーミディアム
半生焼

弱火で、両面2分ずつ、白身に少し焼き色が付く程度に焼く。白身だけでなく黄身にも火が少し通っている状態。カットしたときに黄身が少し流れ出る。

オーバーハード
固焼

強火で焼き、黄身を壊して中火で焼く。白身・黄身ともに完全に火が通っている状態。触ると固い。

ハワイアン・スクランブルエッグ
HAWAIIAN SCRAMBLE EGG

◆ なぜか、なんだかホッとする。飾らない家庭の卵料理です ◆

オムレツベース
卵 ……………………… 3個
牛乳 …………………… 40ml

具材
玉ねぎ（みじん切り）……… 1/4個（60g）
スパム（さいの目切り）…………… 1/4缶
チェダーチーズ ……………………… 20g
塩・コショウ ……………………… 各少々
サラダオイル ……………………… 大さじ1

1. フライパンにサラダオイルをひき、玉ねぎを炒め、軽く塩・コショウをする。
2. 玉ねぎが透き通る前に、スパムを加え炒める。スパムがキツネ色になり始めたら、弱火にしてオムレツベースを流し入れる。
3. フライパンとヘラを動かしながら、卵に火が入り過ぎないように注意しながら炒める。
4. 卵がとろとろになり始めたら、チェダーチーズを入れてさっと混ぜる。
5. チェダーチーズが溶けたら、皿に盛る。

Point
★玉ねぎは弱火で、ゆっくり甘味を出すように炒めましょう。
★スパムは中火～強火で、美味しそうなキツネ色になるように炒めましょう。
★オムレツベースを入れたら弱火にし、ゆっくり混ぜながら卵が固まらないようにご注意を。

LOCO FOOD

> ロコモコはハワイで最もポピュラーな料理です。LOCOは「地元」、MOKOはハワイ語で「混ざる」の意味。白米、ハンバーグ、目玉焼き、グレイビーソースが定番で、日系人レストランが発祥ともいわれています。

ロコモコ

ハンバーグ
- 合挽肉 …………………………… 200g
- 玉ねぎ …………………………… 1/4個
- [A] 卵 ……………………………… 1個
  - パン粉 ………………………… 40g
  - ガーリックソルト、オニオンパウダー、クレイジーソルト、ウスターソース、クミン ………………… 各小さじ1/2
  - ブラックペッパー ………… 小さじ3/4

ルー
- バター …………………………… 30g
- 小麦粉 …………………………… 30g

グレイビーソース
- 赤ワイン ………………………… 100ml
- ビーフコンソメ ………………… 400ml
- ガーリックパウダー、オニオンパウダー …… 各小さじ1/2
- ペッパーソルト ………………… 小さじ1/3
- ハーブMIX(無塩) ………… 小さじ1/4
- ウスターソース ………………… 20ml
- ハチミツ ………………………… 10ml

- 白米 ……………………………… 200g
- 卵 ………………………………… 2個
- ミニトマト ……………………… 6個
- ミックスサラダ ………………… 適量

1. 玉ねぎをみじん切りにして、弱火で甘味が出るように炒め、バットにあけて冷やす。
2. ボウルに合挽肉を入れ、Aをすべて加え、よくこねる。
3. 100gの大きさに分け、空気を抜くように形を整える。
4. グレイビーソースを作る。鍋に赤ワインを入れ、強火で熱してアルコールをとばし、1/2量になるまで煮詰める。ビーフコンソメを加え、その他の調味料をすべて入れ混ぜる。
5. バターと小麦粉を合わせてルーを作る。
6. 4の温度が下がってから5のルーを入れ、素早くホイッパーで混ぜてトロミをだす。
7. フライパンに油をひき、目玉焼きを作る。
8. ボウルに白米を入れ、ミックスサラダを適量のせ、その上にハンバーグ、グレイビーソース、目玉焼きを盛る。ミニトマトを飾り、ブラックペッパーをふる。

Point
- ★ハンバーグをこねるときは、すべての具材を冷やしてから。手も冷たくするとさらによいです。
- ★ルーを入れてホイッパーで混ぜてもトロミが出ないときは、もう一度中火〜弱火の火にかけて混ぜてトロミを出します。
- ★ハンバーグを焼いた後は、少し温かいところに置き、お肉を休ませてあげましょう。

HAWAIIAN BREAKFAST COLUMN
チーズの個性

　カフェ・カイラで使うチーズは主に3種類。濃厚な味わいで、オムレツとの相性が抜群の「チェダーチーズ」。チーズフォンデュなどにも使われるクリーミーさとコク深さが人気の「グリュイエールチーズ」。そして、とろ〜っととろける食感、軽くてクセのないヘルシーな味わいが野菜によく合い、どんな料理にもマッチする「モッツァレラチーズ」です。卵料理ではこれらのチーズをほどよくとろけさせるのが調理のポイント。また、熱々のうちに食べることも美味しい一皿を楽しむ秘訣です。ちなみに、ハワイではほとんどチーズが作られていません。ほとんどがアメリカ本土からの輸入です。しかし、数年前からチーズ作りに挑戦する酪農家が出てきました。コナコーヒーのように、いつか世界を驚かせる絶品チーズがハワイから誕生するかもしれません。

chapter 6

サンドウィッチ
SANDWICH

パンで具材を挟むだけ
シンプルだからこそ奥深いサンドの世界

ブレックファストBLT

BREAKFAST BLT

◀ 定番メニューを丁寧に。ベーコン・レタス・トマトのBLTサンドです ▶

麦芽ブレット	2枚
卵	2個
牛乳	25ml
ベーコン	4枚
サニーレタス	2～3枚
サラダほうれんそう	4～6枚
トマト（スライス）	3枚
チェダーチーズ	15g
マヨネーズ	15g
サラダオイル	小さじ1

1. 麦芽ブレットをトースターで焼き、片面ずつにマヨネーズを塗る。
2. ボウルに、卵と牛乳を入れて混ぜ、オムレツベースを作る。
3. フライパンにサラダオイルをひき、オムレツベースを入れ、中火～弱火でゆっくり加熱。卵の底が固まり始めたらヘラで底面を持ち上げ、液状の卵を焼けた卵の下に流す。これを液がなくなるまでくり返したら、卵をひっくり返す。卵の半分にチェダーチーズをのせ、ヘラなどで折りたたんで小さなオムレツを作る。
4. 別のフライパンにサラダオイルをひき、温まったらベーコンを入れ、焼き色が付くまで焼く。
5. パンの上にベーコン、オムレツ、サニーレタス、サラダほうれんそう、トマトをのせ、サンドする。
6. 両端を、ピンで止めて半分に切る。

Point

★パンはお好みのものでOK。
★マヨネーズはパンの端まできっちり塗らずに、少し余白を残すように塗ります。
★チーズは卵をひっくり返したらすぐにのせましょう。余熱でチーズをしっかり溶かします。
★サニーレタス、サラダほうれんそう、トマトはあまり高く重ねないで、それぞれパンと同じくらいの厚みにすると断面が綺麗です。
★ピンはまっすぐ刺し、すべての具材に刺さっているかどうか確認を。
★サンドウィッチを切るときは、パンがつぶれないように注意して切りましょう。

ターキークラブサンドウィッチ

TURKEY CLUB SANDWICH

◆ スモークターキー×クランベリージャムの斬新なハーモニー ◆

- ベーグル ……………………… 1個
- スモークターキー ……………… 2枚
- ベーコン ……………………… 2枚
- モントレージャックチーズ ……… 2枚
- サニーレタス …………………… 2〜3枚
- サラダほうれんそう …………… 4〜5枚
- トマト（スライス）……………… 2〜3枚
- アボカド（スライス）…………… 1/4個
- マヨネーズ …………………… 大さじ1
- マスタード …………………… 小さじ1/2
- クランベリージャム ………… 大さじ1
- サラダオイル ………………… 小さじ1

1. フライパンにサラダオイルをひき、スモークターキーとベーコンを軽く炒める。
2. スモークターキー、ベーコン、モントレージャックチーズを重ね、200℃のオーブンで約30秒焼き、チーズを溶かす。
3. マヨネーズとマスタードを混ぜておく。
4. ベーグルをトースターで軽く焼き、片面に3のマヨネーズ&マスタード、もう片面にクランベリージャムを塗る。
5. クランベリージャムを塗ったほうに、オーブンから出したスモークターキー、ベーコン、モントレージャックチーズをのせ、サニーレタス、サラダほうれんそう、トマト、アボカドを重ねてサンドする。

Point ★クランベリージャムは、ジャムがなめらかになるまで混ぜてから塗りましょう。

ブレックファストラップ

BREAKFAST WRAP

◆ ラップサンドは片手で食べられるごちそう。お弁当にも大活躍 ◆

トルティーヤ（11インチ）	1枚
卵	3個
牛乳	40ml
じゃがいも（角切り）	1/2個（80g）
玉ねぎ（みじん切り）	1/5個（40g）
マッシュルーム（スライス）	1/3パック（45g）
ハム（さいの目切り）	40g
サラダほうれんそう（ざく切り）	3枚
チェダーチーズ（削ってあるもの）	40g
塩・コショウ	各小さじ1/2
サラダオイル	大さじ1

1. じゃがいもに軽く水をふり、しっかりラップをして電子レンジ（600W）で約2分加熱する。
2. ボウルに、卵と牛乳を入れて混ぜ、オムレツベースを作る。
3. フライパンにサラダオイルをひき、玉ねぎを弱火で炒め、マッシュルーム、ハムを加えて強火で炒める。具材に火が通ったら、サラダほうれんそう、じゃがいもを加えて軽く炒め、塩・コショウをする。
4. 3のフライパンに、オムレツベースを流し入れ、中火〜弱火でしっかり焼いてスクランブルエッグ状態にする。
5. 火が完全に通ったらチェダーチーズを加えて炒める。チーズが軽く溶け始めたらトルティーヤにのせて巻き込む。真ん中よりやや手前に具材をのせ、春巻きのように下から巻き、途中で両端を巻き込み、巻き上げる。

Point

★ じゃがいもをレンジアップするときは、蒸すイメージで。長く加熱しすぎると水分が抜けて焦げてしまうのでご注意を。
★ 玉ねぎは弱火で、ゆっくり甘味を出すように炒めましょう。
★ マッシュルームを入れたら強火でさっと炒めると、より美味しくできます。
★ スクランブルエッグは、しっかり火を入れるウエルダンで。半熟だとトルティーヤに巻いたときに、卵の汁が出てきてしまいます。

HAWAIIAN BREAKFAST COLUMN

お好きなパンで朝食を

　カフェ・カイラではいろいろなパンを使っています。おすすめは、全粒粉100％の「全粒パン」。砂糖の代わりにオーガニックのブルーアガベシロップを使い、栄養豊富でヘルシーに仕上げています。ハワイで人気なのはデトックス効果が高いといわれる「チャコールパン」。真っ黒なビジュアルが斬新で、具材の色がよく映えます。卵やバター不使用で低コレステロールながらどっしり重量感がありモチモチした食感が楽しい「ベーグル」も好評。一方、豊潤なバターの風味とサクサク感が魅力の「クロワッサン」も根強い人気です。「フランスパン」はオリジナルブレンドの小麦粉を使い、噛むほどに甘みを感じる生地が自慢。大人気メニュー、エッグスベネディクトには「イングリッシュマフィン」が欠かせません。パンの好みは人それぞれ。大好きなパンを選んで、最高の朝食を。

chapter 7

サラダ
SALAD

まるでメインディッシュ！
野菜を楽しむサラダ&ドレッシング

BASIS OF SALAD
サラダの基本

- サラダの葉は、**優しく摘むようにちぎり**、洗うときは多めの水を張って優しく洗います。ゴミや砂は水の下に溜まるので、葉を浮かせてすくい上げましょう。

- 水気をよく切った後は、**濡れフキン**などをかけて乾燥を防ぎます。

- **レモン汁を入れた水**に入れると、**葉がみずみずしく元気になります。**

> **これだけは気をつけて**

サラダは「食感」も大切！
葉ものをみずみずしく保ちましょう。

BASIS OF DRESSING
ドレッシングの基本

- 粒状の食材（塩など）は液体で溶かしてから、次の食材を加えていきます。

- **オイルを混ぜるのは、最後**です。オイルは必ずはじめはゆっくり入れて、後から手早くホイッパーで混ぜて**乳化させましょう。**乳化すると、もったりと重くなり少し白っぽくなります。

- 残ったドレッシングは**ペットボトルで保管**しておくと、シェイクしてすぐに使えます。

> **これだけは気をつけて**

「オイルは最後」に加えること。
ゆっくり加えて、手早く混ぜるが鉄則。

サラダ

[A]オニオンスライス…1/3個分、マッシュルームスライス…5個分、ベーコンスライス…80g。
バルサミコドレッシング…30ml、サラダほうれんそう…1/2束、ミニトマト…3個、ゆで卵…1/2個

1. Aを炒め、火を弱めてからバルサミコドレッシングで味を付ける。
2. サラダほうれんそうを皿に盛り、1をのせ、角切りゆで卵、ミニトマトを盛り付ける。

サラダ

[A]ロメインレタス、サニーレタス…各2〜3枚、サラダほうれんそう…4〜5枚、ベビーリーフ…10g。
[B]人参(千切り)…1/4本、きゅうり…1/3本、アボカド…1/2個、ミニトマト…3個。
鶏むね肉…180g、塩・コショウ…各少々、ハニーディジョンドレッシング…30ml

1. Aをひと口大に切り、水に浸けておく。
2. 鶏むね肉をひと口大に切り、塩・コショウをして、焼く。
3. 1の水を切って皿に盛り、B、鶏むね肉の順にのせ、ドレッシングをかける。

ウォームスピナッチ
×
バルサミコ

チキンとアボカド
×
ハニーディジョンマスタード

ドレッシング

[A]バルサミコ酢…30ml、ガーリックパウダー、オニオンパウダー、塩、ブラックペッパー…各1g。
[B]ディジョンマスタード…3g、レモン汁…0.5g、はちみつ…適宜、ハーブシーズニング…少々。
エクストラバージンオリーブオイル…45ml

1. Aを順に入れて混ぜ、粒が溶けたらBを加えて混ぜる。はちみつで甘みを調整する。
2. 最後にオイルを加えて混ぜ、乳化させる。

ドレッシング

[A] はちみつ…100g、ディジョンマスタード…72g。
[B] ガーリックソルト…6g、ブラックペッパー、塩…各2g、アップルビネガー…70ml、ハーブシーズニング(無塩)…2g。
エクストラバージンオリーブオイル…63ml

1. Aを混ぜた後、Bを順によく混ぜながら加える。
2. 最後にオイルを加えて混ぜ、乳化させる。

サラダ

[A]ロメインレタス…5〜8枚、トレビス…1〜2枚。
[B]パルメザンチーズ… 5g、シーザードレッシング…30ml、パン(小さい角切り)…1/2枚、ベーコン(くし切り)…2枚。

1. Aをひと口大に切り、水に浸けておく。
2. パンはラップをせずに電子レンジで2〜3分加熱。ベーコンは弱火で炒めてカリカリに。
3. 1の水をしっかり切ってボウルに入れ、Bを加えて、よく絡み合わせる。
4. 皿に3を盛り、2を散らす。

サラダ

[A]ロメインレタス、サニーレタス…各2〜3枚、サラダほうれんそう…4〜5枚、ベビーリーフ…10g。[B]ベーコン…2枚、ハム(拍子切り)、ターキー(拍子切り)…各1枚。[C]海老…6尾、アボカド(さいの目切り)…1/4個、ゆで卵(崩す)…1/2個、フェッタチーズ(崩す)…15g、ミニトマト…3個。
赤ワインビネグレットドレッシング…50ml

1. Aをひと口大に切り、水に浸けておく。
2. ベーコンは弱火で炒めてカリカリに。海老は塩・コショウして炒める。
3. 1の水を切ってボウルに入れ、B、ドレッシング、Cの順に盛り付ける。

シーザー

カイラ風コブ
×
赤ワインビネグレット

ドレッシング

牛乳…100ml、にんにく(芯を取る)…1片
[A]マヨネーズ…45g、パルメザンチーズ…12g、塩・コショウ…各2〜3g。
レモン汁…小さじ1

1. 牛乳に、にんにくを入れ、6〜10分煮る。
2. 粗熱を取った後、にんにくをスプーンで潰し、Aを加えて味をととのえる。
3. 最後にレモン汁で味と濃度を調整する。

ドレッシング

「バルサミコドレッシング(⇒P80)」と同じ
赤ワインビネガー…30ml

1. 「バルサミコドレッシング(⇒P80)」の1のタイミングで赤ワインビネガーを加える。以降は同様に作る。

ミックスサラダ × ランチドレッシング／マンゴードレッシング

MIXED SALAD　　LUNCH DRESSING　MANGO DRESSING

> 野菜をたくさん美味しく食べる、カイラの看板ドレッシング

ミックスサラダ

ベビーリーフミックス ……………… 適量

1. 葉が傷まないように優しく水で洗う。
2. 葉の水分をしっかり切り、お皿に盛って、お好みのドレッシングをかける。

ランチドレッシング（左）

白ワインビネガー…30ml、塩・コショウ…各2g、マヨネーズ…50g、メープルシロップ…6g、ディジョンマスタード…4g、サラダオイル…150ml

1. ボウルに白ワインビネガー、塩・コショウを入れて混ぜる。
2. 塩が溶けたら、マヨネーズ、メープルシロップ、ディジョンマスタードを加えよく混ぜる。
3. 最後にサラダオイルを加えて混ぜ、乳化させる。

マンゴードレッシング（右）

玉ねぎ…1/8個、白ワインビネガー…400ml、マンゴージュース…100ml、マンゴーブロック…45g、塩・コショウ…各少々、サラダオイル…105ml

1. 玉ねぎは繊維に逆らう方向に薄切りにし、水にさらして辛みを抜き、ザルやペーパーに移して水気をよく切る。
2. 1と白ワインビネガーをミキサーで混ぜる。さらに、マンゴージュース、マンゴーブロック、塩・コショウを加え、ミキサーで混ぜる。
3. マンゴーブロックの粒がなくなったら、サラダオイルをゆっくり加えながらミキサーで混ぜて、乳化させる。

chapter 8

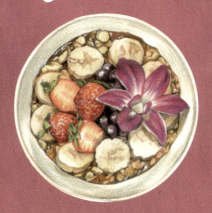

ボウル＆パフェ
BOWL & PARFAIT

南の島で愛され続ける
ヘルシーで可愛いスイーツたち

アサイーボウル

ACAI BOWL

❮ ヘルシーな朝食といえばこれ！　ミキサーひとつで簡単に作れます ❯

冷凍アサイーピューレ（無糖）……100g
バナナ ……………………………… 1本
牛乳 ………………………………… 25ml

トッピング
グラノーラ ………… 30g
いちご ……………… 1個
ブルーベリー …… 3〜5粒

1. 飾り用にバナナスライスを2〜3枚とっておく。
2. 冷凍アサイーピューレを粗く砕いて、よく冷やしたバナナ、牛乳と一緒にミキサーにかける。
3. 冷やしておいた器に 2 を入れ、グラノーラをのせ、バナナスライス、いちご、ブルーベリーを飾る。

Point
★ミキサーにかけるときは、全体がなめらかになるまでしっかり混ぜましょう。
★お好みで、はちみつをかけて食べるのもおすすめです。
★バナナを冷凍マンゴーなどにかえて、アレンジしても美味しいです。

ピタヤボウル
PITAYA BOWL

◆ ハワイでも大人気のスーパーフルーツで1日の元気をチャージ ◆

冷凍ピタヤ(加糖) ……100g
バナナ …………………… 1本

トッピング
グラノーラ……………… 20g
いちご ………………………1個
ブルーベリー………3〜5粒
オレンジ(スライス)…… 1枚

1. 飾り用にバナナスライスを2〜3枚とっておく。
2. 冷凍ピタヤ、よく冷やしたバナナをミキサーにかけ、冷やしておいた器に入れる。
3. グラノーラをのせ、バナナスライス、オレンジスライス、半割りのヘタ付きいちご、ブルーベリーを飾る。

Point
★冷凍ピタヤは溶けやすいため、バナナや盛り付け皿もよく冷やしておきましょう。
★透明の器に盛ると、ピタヤの色が映えて可愛く仕上がります。
★ピタヤの別名はドラゴンフルーツです。

シェイブストロベリーボウル
SHAVE STRAWBERRY BOWL

◆ 花びらのような冷凍いちごが口の中でとろける、不思議なスイーツ ◆

冷凍いちご‥‥10〜12粒(120g)
いちごジャム ………………… 5g
パンケーキ(1cm 角に切り冷凍)
　……………………… 1/4 枚分

バニラアイス…… 80g
ドライいちご…… 適宜
ミント ………… 適宜

練乳クリーム
植物性生クリーム…‥ 60ml
コンデンスミルク……‥ 15g

1. 植物性生クリームとコンデンスミルクを、泡だて器でツノが立つまで混ぜ、練乳クリームを作る。
2. いちごジャムを少量の水でのばして器に入れ、冷凍しておいた1cm角のパンケーキ、バニラアイスを順に入れる。
3. 冷凍いちごをかき氷機で削り、2の上にのせる。
4. 3の片側半分に1の練乳クリームを盛り、ドライいちごを散らし、ミントを飾る。

Point
★冷凍いちごは、削る直前に少し常温に戻しておくと綺麗に削れます。
★いちごジャムをチョコレートソースに、バニラアイスをチョコレートアイスにかえるなど、アレンジもおすすめです。

グラノーラパフェ

GRANOLA PARFAIT

◆ 白と茶色のボーダーがキュートなプチパフェ。朝食にもおやつにも ◆

ヨーグルト（無糖）……120g
グラノーラ ……………… 30g

トッピング
バナナ ………………… 1/2 本
いちご ………………… 1 個
ブルーベリー ………… 5〜6 粒
オレンジ（スライス）……… 1 枚

1. ヨーグルトとグラノーラを交互に器に入れ、層を作る。
2. バナナスライス、オレンジスライス、半割りのヘタ付きいちご、ブルーベリーを飾る。

Point
★ 透明なグラスに盛り付けると、綺麗な層が楽しめます。
★ お好みで、はちみつをかけて食べるのもおすすめです。
★ オレンジスライスに半割りのヘタ付きいちごを添えるトッピングが、カフェ・カイラ流！

ONE PLATE ARRANGE

カフェ・カイラの料理がわくわくドキドキ楽しい理由のひとつは、このワンプレートスタイル！　いろいろな料理をひとり分ずつ、大きめのお皿に、彩りよく盛ってみてください。ボリューミーで大胆な盛り付けが、食卓をいっそう楽しくしてくれます。

オレンジスライス×半割いちごがカフェ・カイラ流！

KAILA's PLATE

ざっくりと大胆に盛り付けてハワイっぽく！

小さなカップを合わせて使うとお洒落にまとまる！

ソースがたれても気にせずに。それがプレート料理の醍醐味

KIDS PLATE

キッズ用にはすべてを小さめにしてアソートに！

子どもの好みに合わせてごはんにかえてもちろんOK。楽しく食べるのが大切

FULLCOURSE PLATE

サラダからデザートまで、まるでコースのように全部をのせて！

フルーツをこぼれるようにラフに盛って、仕上げに粉砂糖を

パンケーキは小さめに焼いて重ねるのがおすすめ

パンケーキを何層にも重ねて作る、とっても華やかでキュートな「パーティパンケーキ」！ カフェ・カイラが手がけるウェディングパーティで注目の的になるのがこちら。高さもアレンジも自由自在だから、お誕生日や記念日のホームパーティにもぴったりです。

ポイントは、生クリームをいつもよりも固めに泡立てること。パンケーキとパンケーキの間にフルーツと生クリームを入れるときには、とくに安定感に気をつけてください。高く仕上げたいときには、パンケーキの間には何も挟まずに、周囲にデコレーションするのがおすすめです。

PARTY PANCAKES!

生クリームは固めに

フルーツはこぼれてOK

仕上げにチョコペンでメッセージを

ナチュラルな水草材編みとガラスの組み合わせ。フルーツをかたどった木彫り皿。風合いのある素材が、海辺のゆるやかな時間を演出します。

Hawaiian
GOODS & COORDINATE

テーブルやお部屋に南の島の心地よさをプラスしませんか？
さりげないハワイアンコーディネートをご紹介します。

淡い色づかいのフラガールのフィギュアは、大人っぽくて素敵。インテリアの小さな主役です。

フォークの柄の貝殻、ソルト＆
ペッパー置きのプルメリアの花。
南国のアイコンを、さりげなく。

アメリカンヴィンテージ食器の代名詞のひとつ、ファイヤーキング。
やさしい乳白色が、しあわせな朝食のテーブルによく似合います。

心を込めて手縫いされるハ
ワイアンキルトにはマナ
（魂）が宿ると言われていま
す。ぷくっと浮いたぬくも
りあるアップリケで寛ぎを。

Hawaiian
GOODS & COORDINATE

ハワイの海を思い出させてくれる貝殻や珊瑚たち。自然の造形の不思議さと美しさは最高のオブジェ。波音が聞こえそうです。

ウクレレとレイ。これさえあればどんなお部屋もハワイアンに早変わり。上品なカラーでコーディネートすれば、爽やかに。

味わい深いカラーが魅力のハワイアンアンティークのカードやポスター。棚に、壁に、冷蔵庫にラフに置ける便利なアイテム。

夏の玄関に一足あるだけで、南国気分になれるルームスリッパ。白いシェルがワンポイント。小麦色の素足で履きたくなります。

存在感がある南方の花々を窓辺に。大きなハート型のアンスリウムはピンクがおすすめ。ハワイを象徴する花、デンファレは種類が豊富。黄緑色の長い茎にいくつも花をつけます。白いデンファレはその名も、ジャックハワイ。

私は料理好きが高じて、今までたくさんのメニューを創り出してきました。これらのメニューは、私が家族や友人のために作った最高のレシピのコレクションです。また、新鮮でカラダに優しい食材を使用することに、こだわりを持っています。レシピの隠し味は「LOVE」です！ カフェ・カイラのレシピで素敵なひとときをお過ごしください。Love, Kaila

I would like to share with you some of my favorite things to eat. This menu was created because I have a passion for cooking and I especially love to eat breakfast. These dishes are a collection of my best recipes that I often make for family and friends. I am proud of the fact that we serve fresh, wholesome food that is thoughtfully prepared and attractively presented. The secret ingredient in everything is love! I hope you enjoy your meal! :) Love, Kaila

本店　ハワイ ホノルル

住　所：2919Kapiolani Blvd.#219
電　話：808-732-3330（国際電話）
時　間：7:00 〜 15:00（L.O.14:00）
　　　　※変則営業時間の場合あり
定休日：不定休

表参道店

住　所：東京都渋谷区神宮前 5-10-1
　　　　GYRE（ジャイル）B1 階
電　話：050-5531-9452
時　間：平日 _9:00 〜 20:00(L.O.19:20)
　　　　土日祝 _8:00 〜 20:00(L.O.19:20)
定休日：不定休

舞浜店

住　所：千葉県浦安市舞浜 1-4
　　　　東京ディズニーリゾート内商業施設イクスピアリ3階
電　話：050-5807-3402
時　間：平日 _9:00 〜 22:00(L.O.21:30)
　　　　土日祝 _8:00 〜 22:00(L.O.21:30)
定休日：無休

レシピ監修
カフェ・カイラ

2007年、ハワイホノルルでオーナーのクリッシー・カイラ・カスティロが、地元ハワイの食材とオーガニック食材を取り入れオープン。オアフ島のグルメ賞「ハレアイナ賞」では「ベスト朝食賞」を初年度から連続受賞。
＊「ハレアイナ賞」は1984年から続く地元雑誌主催の歴史あるグルメ賞で、「ベスト朝食賞」は2011年に新設。

沼澤英之シェフ
カフェ・カイラ ジャパン、キッチンチーフ。海外で料理修行の後、都内アメリカ系会員制ホテルレストランなどを経てカフェ・カイラへ。

企画	角谷康（株式会社ムーブエイト）
AD	田中玲子
撮影	名和真紀子
スタイリング	中村麻貴子
イラスト	西尾忠佑
DTP	若松隆
編集・原稿	峯田亜季
撮影協力	UTUWA、AWABEES、スタジオ ヴァレ、坂上瑛子（株式会社エクシオジャパン）
編集協力	古森美紀、森田倫子、伊藤絵美、合田正人、アゲル Online Shop、山田真優

Hawaiian
BREAKFAST RECIPE BOOK
ハワイの朝食レシピBOOK
わが家で楽しむカフェ・カイラのメニュー50

2016年 2月12日 初版第1刷発行

監　修　カフェ・カイラ
発行者　増田義和
発行所　実業之日本社
　　　　〒104-8233　東京都中央区京橋3-7-5 京橋スクエア
　　　　【編集部】03-3535-2393
　　　　【販売部】03-3535-4441
　　　　http://www.j-n.co.jp/

印刷所　大日本印刷株式会社
製本所　株式会社ブックアート

©Café Kaila 2016 Printed in Japan
ISBN 978-4-408-11175-9（学芸）

乱丁・落丁の場合は小社でお取り替えいたします。
実業之日本社のプライバシーポリシー（個人情報の取扱い）については、小社のホームページをご覧ください。
本書の一部あるいは全部を無断で複写・複製（コピー、スキャン、デジタル化等）・転載することは、法律で認められた場合を除き、禁じられています。
また、購入者以外の第三者による本書のいかなる電子複製も一切認められておりません。